QUESTIONS

DE

DROIT CIVIL FRANÇAIS

PAR

PAUL DUTRUEL

AVOCAT DU BARREAU D'ARRAS.

DES DROITS ÉVENTUELS

QUI PEUVENT COMPÉTER A L'ABSENT

(Art. 135 à 138 du Cod. civ.)

Fascicule I.

ARRAS

IMP. R.-A. BRISSY, RUE DES CAPUCINS, 22.

—

1876

QUESTIONS

DE

DROIT CIVIL FRANÇAIS

PAR

Paul DUTRUEL

AVOCAT DU BARREAU D'ARRAS.

<hr>

DES DROITS ÉVENTUELS

QUI PEUVENT COMPÉTER A L'ABSENT

(Art. 135 à 138 du Cod. civ.)

<hr>

Fascicule I.

<hr>

ARRAS

IMP. R.-A. BRISSY, RUE DES CAPUCINS, 22.

1876

QUESTIONS DE DROIT CIVIL FRANÇAIS.

—

DES DROITS ÉVENTUELS QUI PEUVENT COMPÉTER A L'ABSENT.

(Art. 135 à 138).

—

INTRODUCTION.

Absenti nihil prodest.

L'absence a peu occupé les jurisconsultes romains. C'est en vain qu'on chercherait à puiser dans leurs œuvres si souvent précieuses à consulter un ensemble de règles qui auraient, au temps des Codes romains, régi les intérêts divers mis en jeu par l'état d'absence. On a pu comparer cet état avec celui de la captivité sous l'empire du *jus postliminii;* mais la théorie do ce droit purement romain n'implique pas de toute nécessité l'idée de doute sur l'existence du citoyen tombé entre les mains de l'ennemi. Au contraire, il semblerait que ce droit n'était au fond qu'une condition résolutoire, en vertu de laquelle le temps de l'esclavage était effacé de la vie du prisonnier; celui-ci était remis dans son premier état, comme s'il n'avait jamais cessé d'être libre. Aussi est-on autorisé à dire que le droit romain ne s'est occupé que de la non-présence en certains cas déterminés : l'étude des droits de l'absent proprement dit, comme nous l'entendons de nos jours, fait généralement défaut.

Où nous trouvons surtout un vide à ce sujet, c'est lorsqu'il s'agit de l'administration du patrimoine de l'absent, de l'exercice sur ses biens, des droits subordonnés à son décès et des droits qui peuvent s'ouvrir à son profit. Et à ce dernier point de vue, comme presque généralement du reste, il était nécessaire, disait-on alors, de prouver, par tous les moyens dont on disposait, l'existence de l'absent.

Cette lacune fut comblée par notre ancien droit français. Jetons donc un regard rapide sur ses principales innovations relativement aux droits qui pouvaient s'ouvrir au profit de l'absent après sa disparition, ou ses dernières nouvelles.

C'est un principe que l'absent est réputé mort après un certain laps de temps, eu égard à sa propre succession. De là il semble qu'un raisonnement d'analogie devait trouver ici sa place et qu'on aurait dû en conclure que l'absent est aussi réputé mort eu égard aux successions qui pourraient après le même temps s'ouvrir à son profit. Mais nos anciens jurisconsultes ont préféré une décision contraire; et ces mêmes auteurs qui admettaient que le principe ci-dessus devait recevoir son application quand il s'agissait de la propre succession de l'absent, n'hésitaient pas à déclarer que dans le cas d'une succession ouverte à son profit, il était présumé vivre *cent* ans : et par conséquent, que ses héritiers ou ayant-cause pouvaient jusqu'à cette époque venir y exercer les droits dont il aurait joui s'il eut été présent. On étendit cette décision, et dans la jurisprudence d'alors, on admit que toutes les fois que l'intérêt de l'absent ou de ses créanciers était en jeu, l'absent était présumé vivre un siècle ! ! Et si l'on a permis le partage provisionnel de ses biens avant ce siècle écoulé, c'est qu'on reconnut bien heureusement la nécessité de les administrer, et que l'absent aussi avait tout intérêt à ce qu'ils le fussent par ses héritiers à qui ils devaient revenir, plutôt que par tout autre.

Comme on le voit, il y a dans cette jurisprudence de grands abus et un désaccord avec la nature aussi grand qu'avec la présomption qui faisait ouvrir la succession de l'absent. On s'abstint donc plus tard de la fantaisie de faire vivre un homme cent ans malgré lui, et de raisonner contrairement au principe qu'on avait posé au début de la matière, pour prendre une décision plus digne de la science et du droit.

L'absent ne fût réputé ni mort ni vivant, et ce fut à celui qui avait intérêt à ce qu'il fût mort ou vivant à faire la preuve de sa mort ou de sa vie : faute de quoi, la dévolution des droits advenus depuis la disparition de l'absent était faite à ceux qui en auraient pris possession à défaut de l'absent ou concurremment avec lui.

Ces dernières décisions sont plus sages et offrent surtout un caractère de sûreté qui n'avaient point les maximes contradictoires de l'ancien droit. Aussi les rédacteurs du Code se sont-ils contentés de les reproduire. Sous l'empire du Code, on peut diviser les biens de l'absent en deux catégories :

I. Les biens ou les droits que l'absent possédait au moment de sa disparition ou de ses dernières nouvelles.

II. Les biens ou les droits éventuels qui peuvent s'ouvrir à son profit pendant son absence.

Nous n'avons à parler que des droits éventuels, mais, pour jeter plus de clarté sur notre travail, nous croyons utile de consacrer un premier chapitre à un résumé très succinct du traité de l'absence.

CHAPITRE I.

DE L'ABSENCE EN GÉNÉRAL.

Dans le langage vulgaire, le mot *absent* exprime l'idée d'une personne qui a quitté momentanément son domicile, qui, en un mot, n'y est pas présente ; mais, dans le langage du droit, on entend par absent celui sur le sort duquel on n'a aucune donnée certaine, et quelquefois même, celui qui a disparu sans qu'on puisse assigner une cause certaine à son départ.

Il ne faut donc pas confondre l'absence avec la non-présence. Une personne n'est pas à son domicile, ou bien ne se trouve pas dans le lieu où sa présence est réclamée ; mais il est certain et l'on sait qu'elle existe : elle n'est point absente dans le sens juridique du mot, elle est *non-présente*.

Mais voici qu'au contraire, elle a disparu de son domicile. Où est-elle ? nul ne le sait. L'incertitude la plus profonde plane sur son existence : elle est alors *absente*.

La loi qui étend sa sollicitude sur tous ceux à qui le pouvoir de se défendre par eux-mêmes est enlevé, pourvoit à cette situation difficile par des mesures qu'elle modifie suivant le degré de probabilité de la vie ou de la mort de cette personne. Dans les premiers temps de sa disparition, la présomption de vie prédomine, et la loi se borne à autoriser les mesures que réclame l'administration des biens de l'absent, et dans certains cas, la surveillance de ses enfants mineurs.

C'est la période dite : *Présomption d'absence.*

Cet état de chose ne pourrait se prolonger indéfiniment sans de graves inconvénients. Aussi, après un certain temps écoulé depuis que la personne a cessé de paraître à son domicile et dé donner de ses nouvelles, son absence peut être déclarée.

S'ouvre alors la période dite : *Déclaration d'absence.*

Dans cette seconde période, l'incertitude de l'existence de la personne est devenue plus forte : aussi la loi ne se contente plus de veiller sur les intérêts de l'absent, mais elle s'occupe de satisfaire aussi ceux des tiers intéressés. Elle permet à ses héritiers légitimes au jour de sa disparition ou de ses dernières nouvelles ainsi qu'à son époux, si l'absent n'a pas laissé de proches habiles à succéder, de se faire envoyer en possession provisoire de ses biens, mais à charge d'inventaire et de caution. Son testament, s'il en a fait un, est ouvert, et tous ceux qui avaient sur ses biens des droits subordonnés à la condition de son décès, peuvent les exercer provisoirement, mais aussi moyennant caution. Cependant l'époux, s'il opte pour la continuation de la communauté (supposé que les époux vivaient sous ce régime), peut empêcher l'exercice des droits dont il s'agit, et il conserve alors, par préférence, l'administration des biens de l'absent.

Quant à ceux qui ont obtenu cette possession provisoire, ils représentent l'absent activement et passivement mais ne peuvent ni aliéner ni hypothéquer les biens qu'ils administrent. Ils sont tenus de les restituer et de rendre compte de leur administration, si l'absent reparaît. Ils profitent néanmoins des revenus dans une proportion qui varie suivant que l'absence a duré plus ou moins de temps. A sa mort, si on l'apprend, le compte est rendu à ses héritiers les plus proches au jour où il est prouvé que son décès a eu lieu.

Mais si l'absence a duré plus de trente ans depuis que cette administration provisoire a commencé, ou encore s'il s'est écoulé cent ans révolus depuis la naissance de l'absent, la présomption de la mort l'emporte sur celle de la vie. Cette longue absence jointe à la nécessité de fixer le sort de la propriété appelle des mesures définitives.

Vient alors la période dite de l'*Envoi définitif*.

Dans cette période définitive, la communauté est dissoute, si l'autre époux a opté pour sa continuation ; les cautions sont déchargées ; tous les ayant-droit peuvent demander le partage des biens de l'absent et faire prononcer l'envoi définitif qui leur assure, avec la propriété de ces biens, le droit d'en disposer.

Néanmoins si l'absent reparaît, il a toujours le droit de réclamer ses biens en tout temps et de plus le prix de ceux qui auraient été aliénés. Ses enfants et héritiers directs ont le même droit ; mais il se trouve périmé trente ans après l'envoi en possession définitive.

Il était nécessaire, nous le répétons, pour mettre plus de clarté dans notre travail de jeter ce coup d'œil sur l'ensemble des dispositions du titre de l'absence. Ceci fait, nous nous appesantirons comme nous l'avons dit en commençant sur les seuls droits éventuels de l'absent.

CHAPITRE II.

DES DROITS ÉVENTUELS.

Un droit éventuel, dans le sens général du mot, est celui qui ne donne, quant à présent, qu'une espérance, et dont la réalisation dépend d'un événement futur et incertain.

A vrai dire, droit éventuel est synonyme du droit conditionnel. Car le premier est celui qui dépend d'un événement futur et incertain : or, cet événement dont dépend l'effet d'une obligation ou d'une disposition quelconque, est précisément ce que l'on nomme en droit, une condition. Droit éventuel, éventualité, dans le sens général de ces mots, sont synonymes de droit conditionnel.

Remarquons-le bien, on peut apposer à une convention, à une disposition quelconque, une foule de conditions diverses, dans le détail desquelles il serait impossible, et inutile d'ailleurs, d'entrer. Mais il en est d'une espèce qui doit principalement nous occuper, ce sont celles qui consistent à dire que le droit ne pourra être exercé que si celui à qui on le donne existe encore au moment où ce droit s'ouvrira. Dans ce cas, si l'individu privilégié meurt avant l'ouverture de ce droit, la condition ne peut plus s'accomplir et alors le droit, ou pour être plus exact, l'espérance s'évanouit; non pas seulement pour l'individu, parce qu'il est mort, mais aussi pour ses héritiers. Les droits éventuels de cette espèce, en un mot les droits dont l'acquisition est subordonnée à l'existence de la personne appelée à la recueillir, sont l'objet de la seconde section au chapitre III du titre de l'absence.

Ils sont subordonnés à cette condition soit par les conventions faites entre les parties, soit par la loi elle-même. Nous citerons les principaux :

1° *Le droit de succéder :* en effet, il faut être vivant au moment où s'ouvre une succession pour la recueillir (art. 725).

2° *Le droit de recueillir un legs :* l'article 1039 est formel : le légataire n'acquiert son legs qu'autant qu'il survit au testateur. Mais remarquons aussi l'extension de l'article 1040. Il y est dit que, si le legs est conditionel, il ne suffit pas, pour que le légataire l'acquière, qu'il survive au testateur; il faut de plus qu'il existe encore au moment où la condition se réalise. Le droit à un legs conditionnel à la différence du droit conditionnel né d'un contrat reste donc parmi les droits éventuels dont il s'agit ici;

3° *Le droit de retour:* c'est le droit qu'a stipulé un donateur de reprendre la chose donnée, s'il survit au donataire : la chose n'est pas susceptible de commentaire, elle s'impose par son évidence;

4° *Le droit de rente viagère:* L'article 1983 suit le principe de l'article 135 qui va nous occuper, et statue que le propriétaire d'une rente viagère n'en « peut demander les arrérages qu'en » justifiant de son existence ou de celle de » la personne sur la tête de laquelle elle a » été constituée. » Du reste le nom même de cette rente indique que les arrérages ne sont exigibles que durant la vie de celui qui en bénéficie.

Cette matière a été traitée très-succinctement dans le Code, qui laisse de côté une foule de questions qu'on aurait dû mettre en évidence. Il ne s'occupe d'une façon spéciale que du droit de succéder. Nous ne voulons pas sortir de sa sphère; mais nous ferons, pour les autres droits éventuels dont il est ici question, une simple remarque. Toutes les fois qu'il s'agit d'autre chose que d'une seccession, appliquez l'art. 135; c'est-à-dire, forcez le réclamant à prouver l'existence de l'absent au moment où le droit s'est ouvert ; et aussi l'article 138, c'est-à-dire, laissez à celui qui a recueilli le droit éventuel, la propriété des fruits par lui perçus de bonne foi.

Il ne nous reste plus maintenant qu'à connaître les effets différents que produisent, d'abord l'absence, puis la réapparition de l'absent eu égard aux droits éventuels qui peuvent s'ouvrir en sa faveur.

CHAPITRE III.

EFFETS DE L'ABSENCE EU ÉGARD AUX DROITS ÉVENTUELS OUVERTS EN LA FAVEUR DE L'ABSENT.

Nous l'avons dit en commençant, l'absent n'est plus réputé ni mort ni vivant quand il s'agit de l'ouverture d'un droit éventuel arrivé pendant l'absence de la personne appelée à le recueillir. L'article 135 se charge de formuler le principe général qui n'est que la reproduction du dernier état de la jurisprudence. Voici sa teneur :

« *Quiconque réclamera un droit échu à un* » *individu dont l'existence ne sera pas recon-* » *nue, devra prouver que ledit individu exis-* » *tait quand le droit a été ouvert ; jusqu'à cette* » *preuve, il sera déclaré non recevable dans* » *sa demande.* »

Remarquons d'abord les termes larges dont le législateur s'est servi. L'article parle d'un individu dont « l'existence n'est pas reconnue, » ce qui prouve, comme nous le comprendrons mieux par la suite, qu'il ne s'agit pas seulement du cas de l'absence proprement dite, ou en d'autres termes de la déclaration de l'absence, mais aussi de la présomption d'absence. Quant à la non-présence, il est bien clair que notre article ne s'y applique pas : car cet état d'un individu n'implique pas l'idée de doute sur son existence, chose nécessaire pour qu'il y ait absence. Du reste, si la non-présence se prolongeait d'une façon étrange et inaccoutumée, il serait vrai de dire que notre article s'y applique; mais, à la vérité, il y a alors commencement d'incertitude et par suite présomption d'absence. Nous rentrons donc ici dans notre règle. Cette question d'ailleurs a été résolue dans ce sens par le Conseil d'Etat.

De plus, l'article 135 ne fait que poser un principe de droit commun, auquel le raisonnement seul conduirait s'il n'avait été écrit dans la loi. Elle a été vraie de tout temps la fameuse maxime : « *Incumbit onus probandi illi qui agit.* » Quiconque élève une prétention, doit prouver qu'elle est fondée, s'il veut la faire triompher; celui qui réclame un droit doit établir que ce droit lui appartient. Celui donc qui prétend exercer un droit conditionnel, doit prouver l'accomplissement de la condition à laquelle ce droit est surbordonné. S'il ne fait pas cette preuve, il ne doit pas être écouté; en justice on n'obtient que ce que l'on prouve. C'est la règle de l'article 1315 appliquée aux cas qui nous occupent.

Supposez-donc que les héritiers ou ayant-droit d'un absent réclament de par lui un droit éventuel échu à son profit, lui absent bien entendu ; que feront-ils ? Ils prouveront que l'absent vivait au moment de l'ouverture du droit. S'ils ne le prouvent pas, leur demande est rejetée.

Mais la preuve de l'existence d'un homme n'est pas toujours facile ; il peut se présenter des cas où il sera impossible de fournir la preuve exigée par l'article 135. Que faire en cette occurence ? L'article 136, qui dérive du précédent, prévoyant le cas le plus ordinaire, celui de l'ouverture d'une succession résoud la question en ces termes :

    « *S'il s'ouvre une succession à laquelle soit appelé un individu dont l'existence n'est pas reconnue, elle sera dévolue exclusivement à ceux avec lesquels il aurait eu le droit de concourir ou à ceux qui l'auraient recueillie à son défaut.* »

Dans le cas donc où l'existence n'aura pu être constatée, les droits dont il s'agit ici, seront receuillis par ceux qui auraient été appelés à les exercer, si le décès de l'absent eut été prouvé : l'incertitude sur l'existence équivaut pour eux, sous ce rapport, au décès ; en d'autres termes : quand une succession sera échue à un individu dont l'existence n'est pas reconnue, ou appellera à cette succession ceux qui la recueilleraient si cet individu était mort.

Ici se présente naturellement la grande question de la représentation, débattue par Locré et Proudhon. On s'est demandé si, dans les successions, qui, suivant les articles 730 et 740, admettent le principe de la représentation, un absent peut être représenté par ses enfants. Paul meurt laissant un frère Pierre, vivant, et les enfants d'un autre frère Jean absent. Pierre a-t-il droit à toute la succession, sans que ses neveux y viennent prendre part? ou ceux-ci peuvent-ils entrer en concurrence avec leur oncle Pierre par représentation de leur père? Proudhon a commis une grande erreur en se prononçant contre la représentation. Voici ces arguments. Il fait la dévolution de toute la succession de Paul à l'oncle Pierre (je me sers de l'exemple ci-dessus) et lui permet de dire à ses neveux auxquels il enlève toute pétition d'hérédité : « Vous n'avez aucun droit à la succession de Paul ni de votre chef : car vous ne pouvez pas vous porter héritier pour un autre, ni du chef de votre père et par représentation : car on ne représente que les personnes défuntes et vous ne prouvez pas que votre père fut mort à l'ouverture de la succession. Donc je suis le seul qui ait droit à l'hérédité, et à l'hérédité totale. »

Quelle que soit l'autorité qu'ait Proudhon dans le monde des jurisconsultes, on a généralement rejeté son système comme contraire à

l'esprit de la loi et comme générateur de
flagrante injustice. Aussi donne-t-on aux neveux
de Pierre une réplique concluante : « Ou notre
père était vivant au moment de l'ouverture de
la succession de Paul, ou il était mort, peuvent-
ils dire. S'il était en vie, une moitié de la succession lui a été dévolue, et est devenue sa propriété s'il vit encore, ou la nôtre s'il est mort
depuis. S'il est décédé au temps de l'ouverture
de la succession de Paul, il n'y a pas d'obstacle
à ce que nous le représentions, l'article 740 est
formel. Vous ne venez donc, dans tous les cas,
que pour une moitié dans ce partage des biens
laissés par Paul. Prenez-la. »

Surgit une difficulté. A qui sera dévolue
l'autre moitié ? Il suffit de suivre l'esprit de la
loi et de le bien comprendre pour résoudre ce
problème. « L'esprit de la loi, dit M. Valette, est
» que les biens de la succession que l'absent a
» pu recueillir soient distribués comme ils
» l'auraient été si l'absent était mort avant l'ou-
» verture de cette succession. Par conséquent la
» représentation doit être admise au profit des
» descendants de l'absent. » Et du reste n'est-ce
pas là ce que dit l'article 136 ? « La succession
sera dévolue à ceux qui l'auraient recueillie à
défaut de l'absent, » c'est-à-dire, s'il était mort.
Une alternative se présentait aux rédacteurs du
Code civil : il fallait bien prendre un parti. Ou
ils auraient admis l'hypothèse de la vie de
l'absent, et ordonné par suite que, sauf preuve

postérieure de son décès, on agisse, eu égard à
la succession ouverte depuis son absence,
comme s'il eut été vivant ; ou bien ils auraient
admis l'hypothèse de la mort de l'absent et
ordonné par suite que, sauf preuve postérieure
de sa vie, on agisse comme s'il fut mort.

Proudhon avait voulu renforcer son système
d'un argument bien peu solide. Il avait dit : « en
ne prouvant pas la mort de l'absent, on laisse
supposer sa vie. Et s'il vit, peut-être a-t-il
renoncé à cette succession : donc il n'y pas lieu
à représentation, faute d'objet. » Mais l'article
784 fait justice dé ce faux raisonnement en con-
sacrant le principe que la renonciation à une
succession ne peut se présumer. Le système de
Proudhon est du reste de nos jours complétement
abandonné.

Reste à décider si ceux qui, à défaut de
l'absent, prennent en main ses droits éventuels,
sont tenus de fournir une caution ou une
garantie quelconque. C'est une obligation, on
le sait, pour les envoyés en possession provisoire
de se soumettre à certaines conditions prescrites
dans l'intérêt et en prévision de son retour. Ainsi
ils doivent donner caution, inventorier les
meubles, et les vendre, faire emploi du prix de
la vente et des fruits échus, etc... Rien de
semblable n'est écrit dans la loi pour ceux qui
se saisissent des droits éventuels qui eussent
compété à l'absent, s'il eut été présent. Peut-être
y a-t-il là une lacune ; mais enfin la loi se tait :

ce serait faire la loi que d'étendre ses dispositions au-delà des limites qu'elle s'est tracées. Et cela résulte de ce que, à mon avis, contrairement à ce qui a lieu pour les envoyés en possession provisoire, les individus qui se saisissent des droits éventuels dont il s'agit ici, les acquièrent en qualité de propriétaire, dans toute l'étendue du mot. Rien ne s'y oppose, et je ne sache pas qu'on s'y soit opposé. Ainsi donc pour les aquéreurs des droit éventuels que nous étudions, point de caution à fournir, point d'inventaire à dresser, point de vente de meubles à faire, point d'enquête ni de publication pour entrer en possession des biens de l'absent; mais investiture de ces biens de plein droit et immédiatement : en un mot, les personnes qui recueillent l'hérédité à l'exclusion de l'absent ne peuvent en aucune manière ni en aucun temps être gênées dans la libre disposition des biens qui la composent. Nous allons voir cependant que, s'il revient, l'absent n'a pas perdu tous ses droits, et qu'alors les personnes dont nous parlons sont obligées de se soumettre à certaines restitutions qui vont faire l'objet de notre quatrième et dernier chapitre.

CHAPITRE IV.

EFFETS DE LA RÉAPPARITION DE L'ABSENT EU ÉGARD AUX DROITS ÉVENTUELS OUVERTS EN SA FAVEUR PENDANT SON ABSENCE.

L'absence ne prive pas d'une manière irrévocable celui qui se trouve dans cet état, de tous les droits éventuels qui s'ouvrent à son profit pendant sa disparition. Aussi les articles 135 et 136, qui semblaient consacrer un principe absolu défavorable à l'absent, sont-ils tempérés et remis sur la voie de la justice de laquelle la loi ne doit jamais s'écarter, par la règle contenue dans l'article 137. « Les dispositions des deux « articles précédents, dit cet article, auront lieu « sans préjudice des actions en pétition d'héré- « dité et d'autres droits, et ne s'éteindront que « par le laps de temps établi pour la pres- « cription. » Donc si l'absent reparaît ou s'il est prouvé qu'il existe encore ou qu'il existait à l'époque de l'ouverture des droits, il n'y a plus lieu à la dévolution prononcée par les articles 135 et 136. Les droits ouverts en faveur de l'absent devront être exercés et les successions devront être recueillies soit par lui, soit par ses ayant-cause ou représentants, pourvu qu'il n'y ait pas, à cette époque, prescription accomplie.

Nous entrons ici dans la partie sérieuse et

difficile de notre travail. C'est qu'en effet nous voyageons dans un pays où peu de routes sont tracées, c'est-à-dire, pour parler sous figures, que nous abordons les « actions en pétition d'hérédité et autres droits » que l'article 137 réserve à l'absent reparu, actions au sujet desquelles l'on ne saurait malheureusement trouver dans tout l'ensemble de nos lois si volumineuses, aucune autre disposition que la mention qu'en fait l'article 137. Il semble pourtant que sur une situation juridique aussi importante que l'absence au point de vue théorique et aussi susceptible d'applications variées, il semble, dis-je, que le législateur eut dû au moins définir cette action en pétition d'hérédité, tracer ses différents caractères, compter ses effets ; mais, je ne sais pourquoi, il a gardé le silence à ce sujet. Quel guide prendre alors pour ne pas nous égarer ? Malgré toute l'autorité du droit romain, je ne crois pas et je ne puis admettre que la théorie du droit romain revive ici toute entière : ce serait tirer une conséquence exagérée du silence du Code civil : nous conserverons néammoins quelques uns des principes du droit romain ; mais nous en repousserons pour les fruits notamment, les solutions, à cause de modifications qui résultent, soit explicitement des principes consacrés par notre législation nouvelle et par notre civilisation.

Auprès de la question de l'action en pétition d'hérédité se place une autre question fondamentale en pareille matière. La voici : le Code civil a-t-il conservé la distinction faite par le droit romain entre la bonne foi et la mauvaise foi du possesseur ? A ne consulter que les termes de l'article 550 qui définit le possesseur de bonne foi tel qu'on l'entend en droit français, on pourrait en douter. Cet article donne en effet cette définition : « Le possesseur est de bonne « foi quand il possède comme propriétaire en « vertu d'un titre translatif de propriété dont il « ignore les vices. » Raisonnons dans notre espèce. Après la réapparition de l'absent qui attaque le possesseur, le jugement rendu sur la pétition d'hérédité ne prouve rien autre chose que le défendeur, fut-il de bonne comme de mauvaise foi, n'avait aucun droit à l'hérédité litigieuse : la condition de l'article 550 n'est donc pas remplie, il n'y a pas de titre vicieux comme ses termes l'exigent, mais il y a absence de titre. De là on a tiré des conséquences qui, à notre avis, sont contraires à l'esprit de la loi ou qui tout au moins manquent d'exactitude. Il suffit de jeter les yeux sur l'article 138 pour se convaincre que le législateur français n'a pas entendu commettre l'injustice d'abandonner la distinction faite de tout temps entre le possesseur de bonne foi et le possesseur de mauvaise foi. Il laisse en effet les fruits perçus de bonne foi à des personnes qui cependant n'auraient qu'un titre putatif dans le sens de l'article 550. Voici en effet la teneur de l'article 138 : « Tant

« que l'absent ne se représentera pas, ou que les
« actions ne seront pas exercées de son chef,
« ceux qui auront recueilli la succession
« gagneront les fruits par eux perçus de bonne
« foi. »

La distinction si importante dont il s'agit n'est
donc pas abrogée ; mais à quels signes donc
reconnaîtra-t-on le possesseur de bonne foi et
de mauvaise foi ? Comment les distinguer ? Dans
notre espèce, est de bonne foi, le possesseur
qui se croit, par une erreur de fait ou même de
droit, appelé à recueillir la succession dont il
s'est saisi. Prenons un exemple. Primus et
Secundus sont frères. Leur père Tertius meurt ;
Secundus est absent. Primus prend donc la part
de son frère absent en vertu de l'attribution qui
lui en est faite par la loi elle-même dans l'article
136. Personne ne songe à taxer Primus de
mauvaise foi. Mais est-il encore de bonne foi si
l'existence de l'absent était connue de lui, ou
encore quand il a appréhendé la succession par
suite du silence ou de l'inaction d'un parent plus
proche que lui ? On a dit et M. Demolombe
soutient que dans ces circonstances le possesseur
ne pouvait être que de mauvaise foi, puisque la
succession étant la propriété exclusive des
parents plus proches, il n'y a plus, contrairement
au cas dont parle l'article 136, de droit légitime
pour les parents les plus éloignés ; mais il se
hâte de faire une restriction à son principe et
de reconnaître que l'héritier le plus proche qui

sort de son inaction et réclame l'hérédité à laquelle il a le droit de prétendre « ne peut demander un compte rigoureux. » Je n'aime pas les principes sujets à restriction générale ni les doctrines hésitantes : aussi, en pareille occurrence, me séparerai-je de cette opinion pour partir de l'idée que les parents les plus éloignés sont autorisés à prendre possession de l'hérédité, et dire qu'ils sont de bonne foi s'ils ont eu la seule conaissance de l'ouverture de la succession au profit d'un parent plus habile qu'eux à succéder. De plus, il faudra, pour que les parents plus éloignés soient regardés comme possesseurs de mauvaise foi, que le réclamant établisse que ceux-ci savaient, outre l'ouverture de la succession, que lui-même ne se présentait pas pour recueillir l'hérédité litigieuse, parce qu'il en ignorait l'ouverture.

D'autre part, pour constituer un possesseur de mauvaise foi, les auteurs se divisent. Les uns s'attachent à l'article 550 et veulent que la bonne foi de celui qui a reçu les biens de l'absent cesse dès que le possesseur sait qu'il n'a plus aucun droit à la succession ; en un mot, pour employer les termes de l'article cité : « il cesse d'être de bonne foi du moment où les vices de son titre lui sont connus. » Mais comment déterminer cette époque ? De là surgiront toujours des difficultés parfois insurmontables. Aussi a-t-on présenté une autre solution de la question. Il faut, dit-on, une sommation ou une demande en justice pour faire cesser la bonne foi : car l'article 550 est ici innapplicable, puisque l'on y parle de titre vicieux, mais réel, et qu'ici il y a absence de titre. De plus, l'art. 138 résoud la question en ce sens et c'était la disposition de l'article 94 de l'ordonnance de 1539. L'avantage que présenterait cette seconde opinion serait d'éviter les contestations au sujet du moment où le possesseur a su qu'il n'était pas propriétaire, « *cum possiderit fundum alienum sciens.* » en un mot, où le possesseur doit être regardé comme de mauvaise foi.

Nous avons posé nos principes : appliquons les donc :

1° Aux fruits perçus de bonne foi par le possesseur de l'hérédité et aux dégradations causées par sa faute ou sans sa faute dans certains cas, aux biens de la succession ;

2° Aux capitaux qu'il a pu recevoir ;

3° Aux aliénations qu'il a pu faire.

Cette division nous fournira la matière des trois sections qui vont suivre.

SECTION I.

Obligations du possesseur relatives aux fruits perçus et aux dégradations par lui commises.

A. — *Fruits perçus.* — La même question se pose encore ici comme dans beaucoup de nos positions relatives à la pétition d'hérédité. Doit-on s'en tenir à la théorie du droit romain qui voulait que les fruits fassent partie du patrimoine comme en étant une amélioration ? Doit-on au contraire s'attacher à la règle de notre ancien droit qui voulait que tous les fruits perçus, jusqu'à la demande en pétition d'hérédité, fussent la propriété du possesseur de bonne foi ?

Je crois qu'ils se sont trompés ceux qui ont ici appliqué la règle romaine : car, mise en présence de l'article 138, cette règle est inadmissible. « Tant que l'absent, dit en effet cet article, ne » se présentera pas, ceux qui auront recueilli la » succession gagneront les fruits par eux perçus » de bonne foi. » Ceci est évidemment contradictoire à la règle : *Fructus augent hereditatem.*

Mais gardons-nous d'être absolus et de faire une règle d'une exception. Car il faut décider qu'en dehors du cas prévu par l'article 138, la règle romaine peut être suivie. En effet, qu'est-ce que consacrent les articles 828 et 831, si ce n'es l'application de la théorie romaine, lorsqu'il s'agit de savoir quels sont les droits des co-partageants contre celui d'entre eux qui a perçu tous les fruits de l'hérédité ? Toutefois, remarquons qu'en droit romain le possesseur de bonne foi ne gagnait les fruits que par la consommation, tandis que chez nous il suffit pour qu'il les ait acquis, qu'il les ait perçus : la consommation est négligée.

Quant au possesseur de mauvaise foi, tous les fruits possibles, qu'ils existent encore, ou qu'ils aient été consommés, qu'il les ait perçus, ou qu'il ne les ait pas recueillis, doivent être restitués par lui, à charge de faire restitution d'une somme équivalente quand les fruits ont été perçus et consommés.

B. — *Dégradations.* — Ici encore distinguons le possesseur de mauvaise foi de celui qui possède de bonne foi.

Il n'y a pas à douter. Le possesseur de mauvaise foi tombe sous le coup de la règle romaine : il répond de tous ses faits et gestes. Il possède induement : il faut qu'il soit châtié. Il paiéra donc intégralement les dommages survenus par sa faute ou par sa négligence, ou encore par le fait de ceux qu'il a à son service. Quand la dégradation est arrivée par cas fortuit, il devra même payer la valeur du dommage subi par l'objet héréditaire : mais il en serait autrement s'il réussissait à prouver que, dans les mains du véritable propriétaire demandeur, l'objet eut subi également le dommage causé par cas fortuit.

Il ne pourrait en être de même pour le possesseur de bonne foi. Toutefois, comme dans tous les cas où la loi n'a pas dit son dernier mot, les auteurs se divisent, deux opinions bien différentes sont nées de ce conflit. Le possesseur de bonne foi doit-il restituer les biens dans l'état où ils devraient être, sauf les pertes arrivées par force majeure ; ou bien seulement dans l'état où ils se trouvent au moment de la demande? Un premier système, logique à coup sûr, mais inique, admet la première solution. Ses adeptes argumentent du rigorisme de l'article 138, disant que cet article donne bien les fruits au percepteur de bonne foi, mais ne le dispense en aucune façon de la restitution des biens dans l'état où ils devraient être. Et si l'on invoque l'article 132 qui oblige l'absent à reprendre les biens dans l'état où ils se trouvent lors de la demande, c'est à tort : car, disent-ils, l'article 137 suppose un cas tout différent de celui de l'article 132 et comme aucune mesure n'est prise dans l'intérêt de l'absent quand il s'agit de succession ouverte à son profit, il est bien juste qu'on lui accorde une restitution intégrale des biens dont se compose cette succession. De plus ils renforcent leur opinion d'un argument *a fortiori* tiré de l'article 1379 qui condamne celui qui a reçu l'indû à être responsable envers le prétendu débiteur qui est cependant coupable de négligence. Le possesseur de bonne foi devra donc rendre les biens dans l'état où ils devraient être. Et logiquement les auteurs ont raison : c'est bien le cas de répéter : « *Dura lex, sed lex.* » Aussi s'est-on souven séparé de cette doctrine, et a-t-on préféré aux argumentations ci-dessus, la tradition et l'équit é pour admettre que généralement le possesseur de bonne foi n'est responsable des détériorations que « *quatemus locupletior fit.* »

SECTION II.

Du compte des capitaux que doit rendre le possesseur.

Deux distinctions sont ici nécessaires.

Les capitaux dont nous voulons parler ne sont autres souvent que les prix d'aliénations faites par le possesseur de l'hérédité réclamée par l'absent reparu. Nous distinguerons donc, comme toujours, le possesseur de bonne foi et celui de mauvaise foi, et aussi les aliénations à titre onéreux et les aliénations à titre gratuit.

En cas d'aliénation à titre onéreux, le possesseur, s'il est de bonne foi ne devra au demandeur rien au-delà du prix qu'il a reçu, quelque proportionné qu'il soit, en plus ou en moins, à la valeur de l'objet héréditaire aliéné. La décision est tout autre pour le possesseur de mauvaise foi :

car non seulement il doit le prix de la valeur véritable de l'objet aliéné, dans le cas où il l'a vendu pour un prix moindre ; mais il sera encore obligé d'indemniser l'absent reparu, qui l'attaque par l'action en pétition d'hérédité, de tout le préjudice que lui cause l'aliénation.

En cas d'aliénation à titre gratuit, le possesseur de bonne foi n'a aucune restitution à faire : car les objets héréditaires donnés ne sont plus représentés ; rien d'équivalent n'est entré dans le patrimoine. Le possesseur de mauvaise foi est encore ici puni ; s'il ne doit pas rendre en effet l'objet donné, il devra toujours réparer le dommage qu'il aura causé à l'absent reparu, en aliénant cet objet.

Section III.

Des aliénations faites par le possesseur.

Le possesseur a pu détenir l'héritage, qui eut appartenu à l'absent, assez de temps pour lui faire subir des modifications nombreuses. Il a pu hypothéquer, il a pu aliéner les immeubles, échanger certains objets, faire des baux, etc.... Qu'adviendra t-il de tous ces actes lors de la demande en justice faite par l'absent reparu ? Tous devront-ils être annulés ? Il faudrait répondre affirmativement si on appliquait la règle : « *Nemo dat quod non habet.* » Car, en réalité, puisque l'absent existait, le possesseur n'avait aucun droit sur les biens de l'hérédité ; mais un abolutisme aussi complet eut blessé l'équité : aussi ne peut-on l'admettre. Les raisons sont multiples. D'abord admettre cette décision absolue serait détruire la présomption légale que la possession d'un patrimoine fait présumer la propriété, et faire abstraction de cette considération que les droits consentis aux tiers de bonne foi méritent toute faveur dans l'intérêt de la sécurité des relations sociales. D'autre part, il est certains actes que le possesseur a pu ne pas faire, et qui, par la force même des choses, ont été pour lui ce qu'ils eussent été pour l'héritier. Aussi reconnaît-on la validité des paiements faits par les débiteurs de la succession entre les mains de ce possesseur. De plus, et c'est l'opinion générale, les baux faits sans fraude ne doivent pas être résiliés, quelle que soit leur durée, et qu'ils dépassent ou non les termes fixés par les articles 1429 et 1430. On fait toutefois, en cette matière, une restriction, en donnant aux juges un pouvoir d'appréciation : et, pour le prouver, on raisonne par analogie de l'article 1673 qui déclare les baux maintenus malgré la résolution du droit de l'acheteur; et on ajoute que l'intérêt de l'agriculture comme celui de l'héritier commande que les biens de la succession puissent être affermés sans crainte pour le fermier de se voir un jour expulsé. Mais il est bien plus simple de partir de cette idée que la possession

entraîne *ipso facto* et par conséquence après
elle, au profit du possesseur, le droit d'administrer la chose, et de dire que le maintien des baux
doit avoir lieu, sans rechercher à quel titre le
possesseur a appréhendé les biens héréditaires :
et c'est le cas ici de considérer surtout la bonne
foi des tiers qui, pour passer un bail, n'ont pas
l'usage, ou plutôt ne font pas l'impolitesse
d'exiger de leur bailleur, l'exhibition de ses
titres de propriété. L'article 1726 a fourni une
objection à cette manière de voir. On a dit : cet
article suppose que le fermier a été troublé dans
sa jouissance par suite d'une action concernant
la propriété du fonds : donc le preneur n'avait
pu faire de contrat valable avec le possesseur. Il
suffit de répondre à cela que, dans toute opinion,
le bail peut toujours être critiqué dans une
certaine mesure ; et l'article 1726 ne déroge pas
à ce principe ; pour en tirer la conséquence que
vous voulez en déduire, il aurait fallu que cet
article l'eut dit expressément.

Il faut, en notre matière, faire abstraction de
la bonne et de la mauvaise foi du possesseur, du
titre quelconque en vertu duquel il a appréhendé
l'hérédité, et conclure que l'absent reparu
héritier véritable est tenu en général de
respecter les actes d'administration que le possesseur a fait ou laissé faire au profit des tiers,
pourvu que ceux-ci aient été de bonne foi. Mais
si le possesseur a le droit d'administrer à son
gré les objets composant l'hérédité, l'absent

demandéur est-il tenu de respecter les actes
d'aliénations que le possesseur a pu faire ?
« Question capitale et célébre entre toutes, dit
» M. Demolombe, et bien digne en effet de toutes
» ces controverses qu'elle a soulevées par son
» importance théorique ! » Nous l'avons dit en
commençant, le droit romain ne peut nous venir
ici en aide : il traite la question peu ou point.
Notre ancienne jurisprudence est à ce sujet fort
vague et elle n'a rendu en cette matière que des
décisions contradictoires. Cet état de choses n'a
pas cessé de nos jours, et aujourd'hui, comme
aux temps des ordonnances, chacun sur ce
sujet se forme une opinion qui varie avec le
point de vue auquel on se place. Le Code lui-
même s'est tû, et il faut s'en référer, pour
résoudre la question, aux principes du droit
commun : c'est ce que nous ferons du reste.
Mais avant de nous saisir du sujet nous voulons
faire une remarque générale qui nous facilitera
le rejet de toutes les opinions contraires à celles
que nous croyons devoir admettre. Il faut, en
étudiant les argumentations des auteurs, être
frappé du petit nombre de dispositions juridiques
qu'ils invoquent à l'appui de leurs systèmes, et
quelqu'un d'eux, à bout d'arguments, a été
jusqu'à dire que « la question n'a pas été prévue
» par le législateur, et que pour elle la mission
» du juge s'élève jusqu'à la hauteur de celle du
» législateur lui-même ! » Si on admet cette
élucubration, il faudra admettre que n'importe

qui, pourvu qu'il soit juge en titre, pourra faire ici la loi. Et c'est sur ce ton que raisonnent les auteurs. Aussi verrons-nous qu'ils extraient d'un texte ou d'un principe, de simples considérations qu'il ne faut pas s'étonner de trouver parfaitement étrangères au droit, pour essayer une justification de l'opinion qu'ils préconisent.

Ceci fait, pour étudier la question plus méthodiquement, distinguons deux hypothèses :

1° Le possesseur a aliéné un objet certain et déterminé, soit immeuble, soit meuble corporel ou incorporel; cette aliénation est le plus souvent faite à titre onéreux;

2° Le possesseur a aliéné en tout ou en partie le « *jus hereditarium.* » Nous examinerons ce sujet dans l'hypothèse d'une aliénation à titre gratuit.

§ I. — Aliénation à titre onéreux.

Il s'agit ici de l'aliénation d'un objet certain et déterminé et spécialement d'un immeuble de l'hérédité litigieuse. On le sait, maintes opinions ont pris naissance à ce sujet. Nous allons les exposer en commençant par celle que nous croyons être la seule qui ne soit pas contraire aux vrais principes du droit.

1er système. — C'est, à notre avis, le seul qui présente un caractère incontestable de netteté. Il nous a frappé par son unité, par la simplicité et la clarté de son raisonnement. Il consiste à

dire : *La vente est toujours nulle.* Pourquoi ?
Le voici : En logique comme en droit, il est vrai
que nul ne peut transférer à autrui des droits
qu'il n'a pas lui-même : *Nemo dat quod non
habet.* De plus, l'article 1599 déclare « nulle la
» vente de la chose d'autrui, » et est complété
par l'article 2182 qui consacre ce principe que
« le vendeur ne transmet à l'acheteur que les
» droits qu'il avait lui-même sur la chose
» vendue. » Or, dans notre espèce, le possesseur
vendeur n'était pas propriétaire de la chose
vendue, puisque l'absent prouve, par sa réapparition, qu'il a pu acquérir le droit à lui échu
pendant son absence : donc, le possesseur n'a pu
concéder à des tiers, même de bonne foi, des
droits qu'il n'avait pas lui-même; donc, le véritable propriétaire, c'est-à-dire l'absent, ne peut
pas, sans son fait et par une aliénation à laquelle
il est complétement étranger, se trouver dépouillé
de sa propriété. C'est là un principe de droit
commun et que nul ne conteste : de plus cette
solution me semble ressortir implicitement de
l'esprit de la loi : car celle-ci a, dans l'art. 137
du Code civil, réservé à l'absent « les actions
» d'hérédité et autres droits, » parmi lesquels
celui de faire annuler les ventes faites par le
possesseur, sans distinction de bonne ou de
mauvaise foi.

2me système. — Celui-ci est né des lois romaines.
La solution est la même que celle de la précé-
dente opinion : à savoir que les aliénations sont

nulles ; mais il admet une restriction en validant les ventes, dont nous nous occupons ici, dans le cas où l'éviction qu'éprouverait l'acheteur de bonne foi, donnerait ouverture à un recours en garantie, dont le résultat serait de constituer en perte sur ses propres biens, le possesseur également de bonne foi. On le voit, c'est toujours l'application de la théorie romaine : il ne faut pas que le possesseur de bonne foi souffre de son erreur ; il ne sera jamais tenu que de ce dont il a profité. Toutefois on a repoussé ce système en niant qu'il y ait dans le droit romain une seule loi qui s'occupât d'une hypothèse semblable à la nôtre. D'autre part, admettant que cette exception tirée *ex personâ venditoris*, si je puis parler ainsi, existât en droit romain, on a dit qu'elle ne devrait en aucune façon être 'accréditée de nos jours, et cela parce que rien n'indique dans le code civil qu'on ait repris ce principe duquel on veut faire résulter cette exception, et de plus, parce que, supposé qu'on admette ce principe, le système proposé n'en est pas une conséquence nécessaire et logique.

3ᵐᵉ système. — C'est de l'accord de certaines cours d'appel qui ont rendu des arrêts semblables en cette matière, qu'on a voulu conclure que, pour la validité de ces ventes, il fallait simultanément la bonne foi du vendeur et celle de l'acquéreur. Les partisans de cette opinion sortent de la question : et il suffit pour la réduire à néant, de leur faire remarquer que personne ne voit pourquoi la bonne ou la mauvaise foi du vendeur paraît exercer quelque influence sur la décision d'une question, où ne se débattent, en vérité, que les droits et les intérêts de l'acheteur, qui en effet, si la vente est annulée, se trouve évincé.

4ᵐᵉ système. — Ici, prévoyant l'objection que nous avons faite au précédent système, on a dit : la bonne foi de l'acquéreur, malgré la mauvaise foi du vendeur suffit pour la validité de la vente faite par le possesseur. C'est l'opinion qui trouve le plus de défenseurs et qui a été le plus souvent soutenue contre celle que nous avons cru devoir adopter. La jurisprudence semble avoir admis cette solution qui a été consacrée par trois arrêts de la Cour de cassation rendus le 16 janvier 1843. Mais, comme nous le verrons bientôt, en décidant ainsi, elle a fait la loi au lieu de l'appliquer. Plusieurs cours se sont rattachées à cette décision de la Cour suprême; toutefois, antérieurement il y avait eu une vive opposition de la part d'autres cours parmi lesquelles je citerai celle de Douai, qui, le 17 août 1822, avait rendu un arrêt contraire. Quoi qu'il en soit, les partisans de ce système argumentent de considérations sur la loi pure et simple. L'argument principal consiste à dire que, chez l'acquéreur de bonne foi, il y a eu erreur invincible dont il faut tenir compte, et, chez le véritable héritier, une coupable négligence. Voyez, disent-ils, les conséquences fâcheuses de la nullité des ventes, si on admet qu'elles sont nulles dans le cas qui nous occupe. L'acheteur se considère depuis longtemps propriétaire de l'immeuble qu'il a acheté de ses deniers, amassé peut-être à la sueur de son front; il lui a fait subir sans doute des améliorations; et voici que vous le tirez brusquement de son illusion par la revendication du véritable héritier ! Certes sa situation est assez intéressante pour que l'on s'oppose à ce que sa sécurité soit troublée tout-à-coup et sa fortune peut-être compromise. Et du reste, il n'y va pas seulement de l'intérêt d'un seul, mais du crédit public tout entier. Si vous voulez faire prévaloir la nullité des ventes en ce cas, vous verrez bientôt la circulation des biens entravée, la perturbation jetée dans toutes les transactions. D'un autre côté, si vous soutenez la validité des ventes en ce cas, l'absent demandeur n'éprouve, à vrai dire, aucun préjudice : car quand bien même il ne pourrait efficacement attaquer le possesseur pour cause d'insolvabilité, il en sera quitte pour ne point profiter tout à fait intégralement d'une succession à laquelle il ne s'attendait guère, etc., etc... Mais tout cela n'est qu'un tissu de considérations sentimentales dont il ne faudrait tenir aucun compte (car, en droit, les arguments de cette espèce sont les arguments de ceux qui n'en ont pas), si, comme nous allons le voir, elles n'avaient été renforcées de raisons plus juridiques.

Nous mettrons à part maints arguments tirés

de divers articles du Code civil qui n'ont de commun avec notre question qu'une analogie très éloignée, pour saisir celui qui nous a paru, quoique spécieux, le plus digne de réfutation. Les partisans du maintien des ventes mettent en avant le principe de la saisine en vertu duquel les parents jusqu'au douzième degré sont appelés par la loi à la succession de leur parent défunt et saisis de plein droit, par sa mort, de tous les biens composant son patrimoine. De là ils ont conclu que le parent le plus diligent qui s'est emparé de la succession n'est pas à vrai dire, un étranger par rapport à elle. Il en est, au contraire, en quelque sorte, le propriétaire provisoire, et il n'y a pas lieu de dire ici que vendant les immeubles, il a vendu la chose d'autrui ; mais bien une chose qui était sienne dans une certaine mesure.

Donc, il ne faut pas annuler l'aliénation faite par lui. Comme on le voit, cette objection serre de près le système que nous avons adopté et écarte complètement l'article 1599 sur lequel nous avons basé notre solution après être parti du principe que nul ne donne ce qu'il n'a point ou plus qu'il n'a lui-même. Mais justice peut être faite de cette objection. Il suffit de dire que jamais la saisine n'a été collective, c'est-à-dire qu'elle ne peut être le droit de plusieurs individus simultanément : mais qu'au contraire elle est personnelle, et n'est le droit que de celui-là seul que la loi désigne comme héritier, tant qu'il n'a pas fait connaître son intention d'y renoncer. Ce sont les dispositions des articles 724 et 736. Donc le possesseur n'a pas droit à la saisine. Et du reste je veux bien qu'un droit quelconque lui appartienne sur cette succession ; mais ce droit ne sera jamais qu'un droit soumis à la condition résolutoire de la réapparition de l'absent réclamant l'hérédité. Alors, et c'est un principe de droit commun, le possesseur n'a pas pu transférer à l'acquéreur un droit plus étendu que le sien. L'argument tiré de la saisine tombe donc de lui-même, réduit à néant par la loi elle-même.

Réfutons encore en passant l'argument tiré de l'article 1240. Que dit cet article ? Il est ainsi conçu : « Le paiement fait de bonne foi à celui « qui est en possession de la créance est valable, « encore que le possesseur en soit par la suite « évincé. » Donc, disent nos adversaires, la loi n'admet pas le principe que vous soutenez. Qu'il nous suffise d'abord de rappeler le fameux brocart. « L'exception confirme la règle » et posons la question telle qu'ils l'entendent. Si le possesseur, disent-ils, peut recevoir les créances héréditaires valablement, comment se fait-il qu'il ne pourrait pas aussi disposer par vente ou autrement des biens de la succession ? Mais ils auraient dû remarquer ceci : l'échéance de la créance est arrivée ; le débiteur du *de cujus* est obligé de payer, et ne peut payer en d'autres mains qu'en celles de celui que tous considèrent comme héritier, c'est-à-dire le possesseur ; mais rien ne force à contracter avec lui. L'argument, on le voit, n'était que spécieux : les cas ne sont pas les mêmes et par suite il ne peut y avoir de décision semblable.

Nous devons encore nous arrêter à un essai de preuve faite en faveur de l'opinion qui consiste à vouloir le maintien des aliénations, parce que de bons esprits et de célèbres jurisconsultes y ont apporté l'appui de leur autorité. Je veux parler de la tentative faite par ces auteurs d'assimiler le possesseur à un mandataire légal.

En général on reconnaît dans ce système que le possesseur a bien vendu la chose d'autrui, comme nous le soutenons, mais on prétend qu'il avait non seulement qualité, mais pouvoir pour le faire, ayant reçu de la loi même un mandat tacite à cet effet. Et sans prendre garde au danger qu'offre toujours un raisonnement d'analogie, on a apporté comme preuve à l'appui de cette assertion des décisions où, dans des hypothèses analogues, le véritable propriétaire est tenu de respecter les aliénations consenties par les administrateurs des biens d'un absent (c'est le cas de l'art. 132), par un curateur à une succession vacante (c'est la disposition de l'art. 790), etc... Il ne manque pas de cas analogues ; mais toutes ces citations ne prouvent rien et leur argument reviendra toujours à ceci : Le Code fait exception dans plusieurs cas au principe que le propriétaire seul aliène valablement ; donc, il faut y faire exception dans le cas d'aliénation

faite par un héritier apparent. Mais ils ont oublié
et nous leur répéterons le fameux brocart :
« L'exception confirme la règle ; » et les exceptions ne doivent jamais s'étendre en dehors des
cas prévus par la loi. Du reste lorsque la loi
confie à une personne le droit d'en représenter
une autre, elle a soin de s'en expliquer formel-
lement. Que nos adversaires nous citent un texte
formel et nous nous rangerons de leur côté.

Passons brièvement en revue les arguments
des principaux auteurs qui ont soutenu la théorie
du mandat légal en cette matière.

M. Demolombe a été un des plus zélés partisans
de cette doctrine ; mais, comme nous le verrons,
il y a dans ses paroles bien des choses qui nous
sont favorables. En effet l'éminent professeur
commence par avancer que tout ce qui a été dit
jusqu'ici, pour établir la doctrine qu'il essaie
d'asseoir sur un principe, ne saurait soutenir le
choc d'un examen sérieux, et il examine la
question qui nous occupe dans deux hypothèses.
La première est celle qui suppose que l'héritier
véritable n'est pas inconnu, mais absent et que
ses cohéritiers présents ont recueilli tous les
biens et les ont vendus. M. Demolombe semble
d'abord résoudre la question comme nous l'avons
résolue et se prononcer pour la nullité de l'aliénation. « Ce système, dit-il, est le plus net, le plus
» vrai théoriquement et le plus juridique. » Puis
l'on sent l'hésitation s'emparer de son raisonnement ; il penche vers un sentiment contraire

et se rattache à l'opinion d'autrui. Le système de la validité des aliénations l'emportera dans la pratique; il faut donc, à son avis, lui chercher une base solide dans la loi positive. Et là-dessus, il propose la théorie du mandat. La seconde hypothèse considère le cas où le véritable héritier est inconnu : rien d'autre à ce sujet que les mêmes hésitations. Juridiquement parlant, suivant les principes de droit commun, il faut décider la nullité des aliénations; mais cependant l'opinion contraire compte tant de partisans, la cour suprême l'a tant de fois consacrée qu'elle finira par l'emporter un jour et à avoir force de loi devant nos juges : asseyons-la donc sur une base rationnelle. Et là-dessus il reprend la théorie du mandat. Il a vu la vérité; mais il s'incline devant la jurisprudence et admet le sophisme : « *Error communis facit jus.* » Et en effet, il est bien facile de voir dans cette exposition de son système que M. Demolombe n'a pas ici cherché ce que la loi voulait mais bien ce qu'il y avait de mieux à faire; il n'a pas fait du droit, il a fait la loi : et c'est pour nous une chose bien évidente que ce n'est pas l'idée de mandat qui a conduit cet éminent professeur à la solution qu'il adopte; c'est au contraire, comme dit Marcadé, « la solution imposée à « l'avance par la nécessité des affaires, qui le » conduit à l'idée de mandat; c'est parce qu'il « est entendu d'avance que la pratique fera la

» validité des ventes, qu'il faut arriver, bon gré
» mal gré, à trouver cette validité dans le Code. »

Après - lui, MM. Aubry et Rau ont plaidé
l'analogie de l'article 132 avec l'article 136, et
ont maintenu les droits des tiers acquéreurs. Le
principe : *Nemo dat quod non habet* ne s'y
oppose pas, disent-ils, puisqu'il suporte des
exceptions. Rien ne s'oppose non plus à ce que
le possesseur de l'hérédité de l'article 136 et les
envoyés en possession de l'article 132 soient
rangés sur la même ligne, quant au droit de
disposition ; bien plus, la situation des tiers qui
ont traité, fût-ce même pendant la présomption
d'absence, avec le possesseur de l'hérédité est
plus favorable que celle des tiers qui ont traité
avec les envoyés définitifs : car ceux-ci ont pu
connaître la révocabilité du titre de leur vendeur.
L'article 132 est formel : l'absent revendiquant
est obligé de maintenir tout ce qui a été fait par
les envoyés en possession pendant sa disparition ;
alors, comment permettre à celui qui n'a pas pu
recueillir, d'annuler les ventes ? Et à bien plus
forte raison comment permettre à un héritier
véritable qui ne s'est pas présenté, de les annuler ?
Mais nous l'avons déjà dit, les raisonnements
d'analogie offrent toujours un danger que MM.
Aubry et Rau n'ont pas évité. Pour détruire
celui-ci il suffit de leur faire remarquer que
l'article 132 suppose l'envoi définitif et l'article
136 au contraire une succession même ouverte
pendant la présomption d'absence ; il n'y a donc

pas d'analogie possible ici, les deux hypothèses
étant différentes.

Que conclure de cet exposé de systèmes
proposés par les auteurs pour admettre soit la
nullité des ventes faites par le possesseur de
l'hérédité réclamée par l'absent reparu ? Il faut
s'arrêter à une opinion : l'hésitation ne doit
jamais avoir sa place en droit. Résumons-nous
donc et concluons.

Le système éclos des lois romaines a été rejeté,
son principe n'existe pas en droit français,
supposé qu'il existe en droit romain ; celui de la
bonne foi simultanée du vendeur et de l'acquéreur mérite à peine qu'on le cite pour mémoire ;
MM. Aubry et Rau se sont trompés en voyant
une analogie où il n'y en avait pas : restent
donc en présence le système de M. Demolombe
avec sa théorie du mandat et celui de la nullité
radicale des actes de disposition. Auquel décer-
nerons-nous la palme ? Suivant M. Demolombe,
la victoire restera définitivement un jour à la
théorie du mandat, c'est-à-dire à la validité des
aliénations faites par le possesseur. Et la jurisprudence de la plupart des Cours et surtout de la
Cour de cassation lui donnent raison. Mais
qu'on le remarque bien, dans les questions qui
n'ont pas été l'objet direct d'un texte quelconque
de la loi, il y a un va et vient dans les décisions
qui ne satisfait pas l'esprit éminemment positif
du jurisconsulte : on invoque tour à tour l'équité
et le droit strict selon que l'on veut faire préva-

loir tel ou tel système, en un mot on a toujours deux poids et deux mesures. Hier vous avez suivi les règles de l'équité, aujourd'hui un caprice vous pousse à appliquer celle du droit positif. Et ce n'est pas là une position mal fondée : il suffit pour s'en convaicre d'ouvrir les annales de la jurisprudence : à peine trois arrêts de la Cour de cassation avaient-ils consacré la validité des aliénations qu'un arrêt de la Cour de Rennes prononce la nullité d'une vente faite par un possesseur à un acquéreur de bonne foi. Nous l'avons *déjà dit*, nous n'aimons pas les décisions hésitantes : c'est pourquoi nous nous rangerons du côté de ceux qui ont admis le système de la nullité des ventes, et, sûr du principe sur lequel est basée cette opinion, nous ne nous en détacherons que lorsque l'on aura cité un texte du Code qui déroge à ce principe dans le cas qui nous occupe. Nous faisons naturellement abstraction du cas où le possesseur aura fait l'héritage sien au moyen de la prescription : cette hypothèse sort de la question que nous avons examinée.

§ II. — Aliénations à titre gratuit.

Cette question est très simple et sera promptement résolue. S'il s'agit de donation de meubles corporels, il ne peut y avoir lieu à révocation ; car le donataire aura pour se protéger la maxime : « en fait de meubles, possession vaut titre, » pourvu bien entendu qu'il ait été de bonne foi lors de la donation.

D'autre part, et dans toutes les opinions, on reconnaît que les donations d'immeubles n'obligent pas l'héritier véritable. L'on a encore ici cependant voulu argumenter de la saisine. Nous avons vu ce qu'il faut penser de ce raisonnement, qu'il nous suffise de faire remarquer ici que l'article 725 peut bien donner aux successibles, à l'égard des tiers, la pleine et entière administration de la succession; mais ce n'est pas à dire pour cela que l'un d'eux ait le droit, par ses libéralités, de diminuer le patrimoine de la succession.

Une hypothèse peut encore se présenter. Le possesseur a aliéné en tout ou en partie l'hérédité elle-même, qu'en droit romain nous avons appelé « jus hereditarium. » Le véritable héritier sera-t-il dépouillé de son droit par cette aliénation faite par un autre que lui. Ici enfin la doctrine et la jurisprudence se donnent la main. On décide la nullité de cette aliénation et l'on donne à l'héritier véritable, l'action en pétition d'hérédité qu'il pourra exercer contre l'acheteur ou le donataire, sauf le recours de celui-ci contre le vendeur ou le donateur.

Il ne nous reste plus quà vider deux questions importantes que nous ne pouvons passer sous silence : celle des droits des co-héritiers de l'absent reparu et réclamant sa part de la succession partagée pendant sa disparition, et enfin celle de la prescription à laquelle est soumise l'action de l'héritier véritable. Ces deux questions feront l'objet de l'appendice qui suit.

APPENDICE.

1° *Droits de l'absent contre ses co-héritiers.*
— Voici l'hypothèse dont nous voulons parler.
Une succession de 100,000 fr. s'ouvre au profit
de cinq individus qui concourent entre eux au
même rang. L'un d'eux est absent. Les quatre
autres recueillent l'héritage sans tenir compte de
lui et prennent chacun 25,000 fr. Plus tard,
avant les trente ans depuis l'ouverture du droit,
l'absent reparaît et demande sa part. Mais voici
que l'un des quatre héritiers, qui ont partagé,
est devenu insolvable. Qui en subira la conséquence ? Deux opinions sont en présence.

1er système. — C'est celui que soutient M. Duranton. Les trois héritiers solvables rapporteront
leur part, c'est-à-dire chacun 25,000 fr., et ce
sera sur les 75,000 fr., rapportés, qu'un partage
nouveau aura lieu entre l'absent et les co-
héritiers solvables ; chacun, y compris l'absent,
supportera donc pour un quart l'insolvabilité
survenue. Et cela est logique, dit M. Duranton :
car le partage fait à l'exclusion de l'absent est
nul puisqu'il n'a pas été fait entre toutes les personnes qui devaient y concourir ; et l'absent a le
droit d'en demander un nouveau. Et si on lui-

objecte que lui seul est en faute de s'être absenté,
il répondra qu'il est le maître de s'absenter et
qu'on devait mettre sa part en réserve. C'est sur
les principes qui régissaient le partage en droit
romain que l'auteur appuie son système. En effet
d'après ces principes, l'héritier absent conser-
vait toujours sa part, *pro indiviso*, dans tous
les objets communs, comme si le partage n'avait
pas eu lieu. Mais nous ne sommes plus à Rome
et c'est le droit français qui nous dicte aujourd'hui
nos droits; aussi est-on arrivé à un résultat plus
équitable en suivant les principes de notre droit.

2me système.—On peut soutenir, dit M. Demolombe, que l'absent n'a pas le droit de demander
un nouveau partage. Celui-ci doit respecter les
actes nécessaires, et M. Duranton lui-même
reconnaît que le partage est un acte en quelque
sorte nécessaire; mais ce point n'offre pas un
argument décisif. Prenons le sujet au vif. C'est
un principe de droit commun que nul n'est tenu
de rester dans l'indivision, l'article 815 le dit en
propres termes; les héritiers présents avaient
donc le droit de partager la succession. De plus,
il leur était permis d'agir en propriétaires, sauf
preuve postérieure de l'existence de l'absent :
c'est encore la disposition des articles 135 et 136 :
ils ont donc pu, sans blesser le droit, ne faire
que quatre parts et rien, que je sache, ne peut
les tenir d'en faire une cinquième qui attendra
l'absent jusqu'à prescription accomplie ou cer-
titude de sa mort. Et du reste la loi déclare elle-

même l'absent mort jusqu'à preuve contraire en cette matière. Tout ce dont les co-héritiers pourront être tenus se bornera à l'obligation que leur fait l'article 137 : à savoir, rendre à l'absent reparu ce qu'ils avaient pris sans droit, c'est-à-dire la part qui lui est due dans la succession. Appliquons donc ces principes élémentaires qu'on n'aurait pas dû méconnaître, à l'exemple qui nous a servi tout-à-l'heure. Chacun des quatre co-héritiers a pris sans droit 5.000 fr., car leur part s'est élevée à 25,000 fr., tandis qu'ils avaient été cinq présents au partage, elle n'aurait été que de 20,000 fr. Les co-héritiers solvables rapporteront donc ce qu'ils avaient pris sans droit, c'est-à-dire 5,000 fr., pour former la part de l'absent qui devra perdre les 5,000 fr. que l'héritier insolvable eut dû rapporter : car si l'insolvabilité de leur co-héritier ne fait rien gagner aux héritiers présents parce que l'absent s'est présenté, dit un auteur, il est clair qu'elle doit au moins ne leur faire rien perdre.

2° Prescription de l'action en pétition d'hérédité. — L'action de l'héritier véritable contre le possesseur ne s'éteint que par la prescription. Quel est le délai de cette prescription ? La loi ne l'a pas fixé : elle a du rester négligé, comme nous l'avons fait en commençant, cette espèce d'action. Par cela seul qu'une durée spéciale ne lui a pas été fixée par la loi, cette action rentre dans la règle générale de l'art. 2262 : elle dure trente ans.

Fin du 1er Fascicule.

Imprimerie R.-A. Brissy, rue des Capucins, 57. 672-5.